So geht es:

 Lies.

 Unterstreiche.

 Male.

 Markiere.

 Verbinde.

 Kreuze an oder streiche durch.

 Schreibe.

1 Schreibe zu jedem Absatz die passende Überschrift von S. 3 auf.

A |_____|

Nach den Sommerferien sind Frida und Leo endlich in der 3. Klasse. Sie freuen sich auf ihren neuen Lehrer. Herr Weber begrüßt die Kinder und überrascht sie mit einer tollen Nachricht. Er plant einen Ausflug. Alle Kinder jubeln.

B |_____|

Eine Woche später ist es so weit. Herr Weber und die Klasse 3a fahren in den Zoo. Zuerst schauen sie den großen Plan am Eingang an. Alle Kinder möchten das Affenhaus, den Baby-Elefanten Otto und das Pinguingehege besuchen.

C |_____|

Zum Schluss flitzen alle Kinder auf den Spielplatz. Dort gibt es einen hohen Kletterturm. Frida schafft es fast nach oben, doch dann rutscht sie ab. Sie fällt in den Sand und weint. Leo tröstet sie.

> Tränen auf dem Spielplatz – Ausflug in den Zoo – Willkommen in der 3. Klasse

2 An welchen Wörtern hast du erkannt, um was es in den 3 Absätzen geht? Unterstreiche die Wörter im Text.

3 Beantworte die Fragen.

1. Wie heißt die neue Lehrkraft in der 3. Klasse?
   ▢ Herr Werner　　▢ Frau Weber　　▢ Herr Leo　　▢ Herr Weber

2. Womit überrascht der Lehrer seine Klasse?
   ▢ Bauernhofbesuch　　　　▢ Zoobesuch　　　　▢ Wanderung

3. Welche drei Tiere möchten die Kinder sich im Zoo anschauen?
   ▢ 　　▢ 　　▢ 　　▢ 　　▢

4. Warum weint Frida?

   _____

KIOSK

WC

WC

i

Schlangen Haus

EINGANG

KASSE

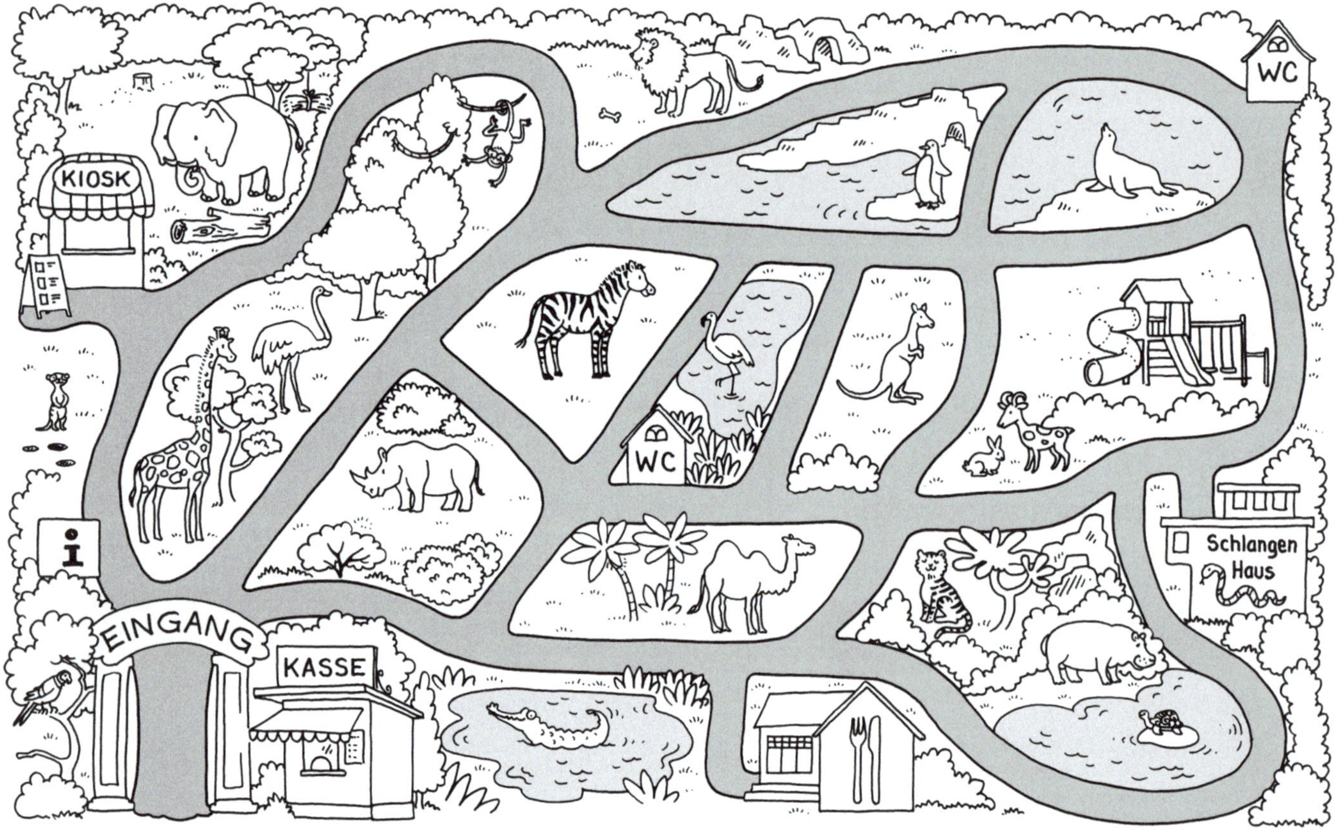

1 Auf der linken Seite siehst du den Übersichtsplan des Zoos.
Lies die Beschreibungen und zeichne deinen Weg in den Plan ein.
Schreibe dann deinen Zielpunkt auf.

Starte am Eingang. Du möchtest dich zuerst informieren und bleibst deshalb an der Information stehen. Als nächstes bist du durstig und kaufst dir am Kiosk ein Getränk. Weiter geht es zu den Elefanten. Neben ihnen im Gehege turnen die _____.

Am Nachmittag **startest du am Schlangenhaus** und gehst in Richtung Eingang, bis du zu den Tieren mit Höckern kommst. Gehe noch weiter geradeaus, an den Toiletten vorbei. Vor dir sind nun zwei Gehege. Darin befinden sich links die _____ und rechts die _____.

2 Stimmt das?

	richtig	falsch
Es gibt drei Gehege mit Gewässer im Zoo.		
Du kannst auf zwei Spielplätzen spielen.		

5

Fütterungszeiten im Zoo

Viele Tiere bekommen jeden Tag ihr Futter zu bestimmten Zeiten.

	Montag	Dienstag	Mittwoch	Donnerstag	Freitag
Giraffen	11:00 Uhr		11:30 Uhr		11:00 Uhr
Löwen		12:00 Uhr			13:00 Uhr
Robben	15:00 Uhr	16:00 Uhr	15:30 Uhr	15:00 Uhr	16:00 Uhr
Raubvögel	17:00 Uhr	17:00 Uhr	17:00 Uhr	17:00 Uhr	

An den Futterautomaten
im Streichelzoo
gibt es Futterschachteln
zu 1 € zu kaufen.

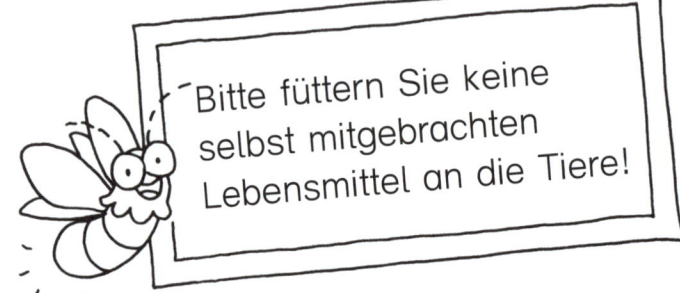

Bitte füttern Sie keine
selbst mitgebrachten
Lebensmittel an die Tiere!

1 Sieh dir den Fütterungsplan genau an und lies die Sätze. Stimmt das?

	stimmt	stimmt nicht
Die Robben werden immer vormittags gefüttert.	▢	▢
Raubvögel bekommen immer um die gleiche Zeit Futter.	▢	▢
Man kann am Mittwoch bei drei Fütterungen zusehen.	▢	▢

2 Beantworte die Fragen.

Wie oft erhalten die Löwen in der Woche Futter? _____

Giraffen bekommen an diesen Tagen ihr Futter:

_____

Freitags bekommen diese Tiere Futter:

_____

Futterschachteln im Streichelzoo kosten _____ .

Elefanten sind die größten Säugetiere, die heute noch in Afrika und Asien zu finden sind. Mehrere Elefantenkühe leben mit ihren Kindern, genannt Kälber, in großen Herden zusammen. Eine Herde ist eine große Familiengruppe. Die älteste Kuh führt die Herde an.

Junge Männchen müssen die Herde verlassen, wenn sie erwachsen sind. Die Bullen leben dann allein oder in kleinen Gruppen unter sich. Sie stoßen nur zur Paarungszeit zu einer Herde dazu.

Elefanten sind Vegetarier und fressen am liebsten Gras, Blätter und Äste. Sie trinken täglich bis zu 100 Liter Wasser.

Mit ihrem Rüssel können sie riechen, atmen und Wasser aufsaugen. Sie können kleine Äste, aber auch große Baumstämme mit ihrem Rüssel aufheben. Elefanten baden bei Hitze gerne und spritzen mit ihrem Rüssel Wasser auf den Rücken. Mit ihren Ohren fächern sie sich Luft zu.

Der afrikanische Elefant hat Stoßzähne aus Elfenbein. Aus diesem Grund wird er oft gejagt, was verboten ist und bestraft wird.

1 Was stimmt? Was stimmt nicht?

	stimmt	stimmt nicht
Elefanten leben heutzutage in Afrika und Asien.	▪	▪
Elefantenkühe und ihre Kinder leben in Herden.	▪	▪
Ein Elefantenbulle führt die Herde an.	▪	▪
Männliche Elefanten nennt man Bullen.	▪	▪
Elefanten sind Pflanzenfresser.	▪	▪
Afrikanische Elefanten haben keine Stoßzähne.	▪	▪
Stoßzähne sind aus Elfenbein.	▪	▪
Elefanten riechen, atmen und fressen mit dem Rüssel.	▪	▪
Wenn es heiß ist, nehmen Elefanten ein Bad.	▪	▪

Markiere unbekannte Wörter.

Eliot ist ein kleiner Rattenjunge. Er sitzt gerade gemütlich im Sessel und tut das, was er am liebsten tut – lesen. Von Zeit zu Zeit schaut Eliot aus dem Fenster. Wie schön ist es in der Stadt. Sogar bei Regen! Nie würde er woanders leben wollen. Schon gar nicht auf dem Land. Brr, dort gibt es

5 noch schrecklichere Tiere als Katzen. Obwohl, manchmal ist es hier in der Stadt auch gefährlich. Eliot denkt an das Rattengift in den Vorratskellern der Menschen, an die gefräßigen Katzen auf den Dächern und in den Hinterhöfen, aber vor allem denkt er an Bocky Bockwurst und seine Rattenbande. Bocky ist berüchtigt wegen seiner Vorliebe für Bockwürste und weil er so gemein ist.

10 Am liebsten vergreifen sich Bocky und seine Gesellen an Schwächeren. Einmal wurde Eliot im Park von der Rattenbande überrascht. Er las gerade in einem Buch mit Frühlingsgedichten, als er Bocky schreien hörte: „Die Leseratte! Auf ihn!" Nur mit einem gewagten Sprung in den Gully hatte Eliot sich retten können. Aber wenn man mal von Bocky und seiner Bande

15 und den paar anderen Gefahren absieht, ist das Rattenleben in der Stadt herrlich: Es gibt Feinkostläden und wunderbar duftende Bäckereien, es gibt große Büchereien, Galerien, Theater und unzählige andere schöne Dinge.

Ingo Siegner *(gekürzt)*

Wörter finden

1 Finde die Wörter im Text und unterstreiche sie.

Frühlingsgedichten	in Zeile: _____	gefräßigen	in Zeile: _____
Vorratskellern	in Zeile: _____	gewagten	in Zeile: _____
Rattenleben	in Zeile: _____	schrecklichere	in Zeile: _____

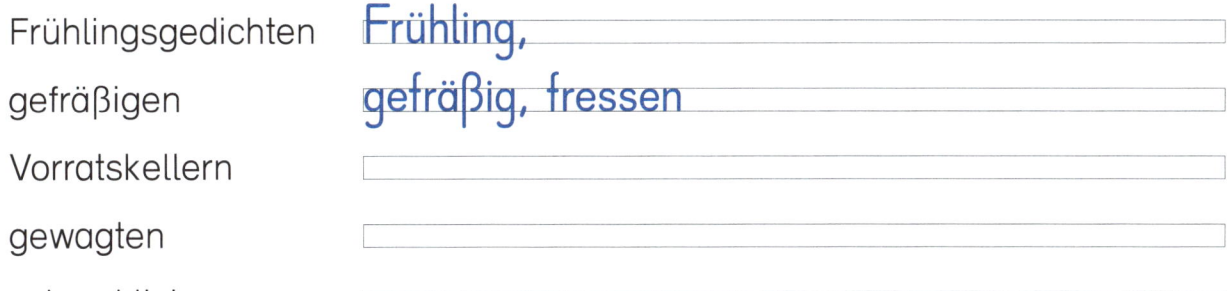

Schlage unbekannte Wörter im Internet nach. Es gibt Suchmaschinen für Kinder, z. B. Blinde Kuh oder fragFINN.

2 Finde verwandte Wörter.

Frühlingsgedichten	Frühling,
gefräßigen	gefräßig, fressen
Vorratskellern	
gewagten	
schrecklichere	

11

Fragen zum Text beantworten

3 Lies den Text auf S. 10 noch einmal. Beantworte die Fragen.

Wer ist Eliot?
- ☐ ein großer Rattenjunge
- ☐ ein kleines Rattenmädchen
- ☐ ein kleiner Rattenjunge

Was macht Eliot im gemütlichen Sessel?
- ☐ schlafen
- ☐ lesen
- ☐ Gedichte schreiben

Wovor fürchtet sich Eliot?
- ☐ vor Hunden im Keller
- ☐ vor Katzen auf Dächern
- ☐ vor Rattengift im Müll

Was gibt es in Eliots Stadt?
- ☐ Läden und Spielplätze
- ☐ Büchereien und Märkte
- ☐ Theater und Geschäfte

Wer ist Bocky Bockwurst?
- ☐ der Anführer einer Bande
- ☐ Eliots Freund
- ☐ eine Leseratte

Warum hat Eliot vor Bocky Bockwurst Angst?
- ☐ Weil er älter ist.
- ☐ Weil er Geheimnisse hat.
- ☐ Weil er gemein ist.

4 Welche Aussagen stimmen? Schreibe das Lösungswort auf (von unten nach oben gelesen).

☺ ☹

Eliot ist eine Ratte, die gerne liest. ⬜ DE ⬜ DA

Eliot lebt auf dem Land. ⬜ AM ⬜ AN

In der Stadt gibt es Feinkostläden und Büchereien. ⬜ B ⬜ D

Aber das Leben in der Stadt ist auch gefährlich. ⬜ EN ⬜ UN

Die Menschen lagern Rattengift in ihren Kellern. ⬜ TT ⬜ ST

Eliot liest Herbstgedichte im Park. ⬜ SA ⬜ RA

Eliot hat Angst vor der

Ingo Siegner hat sich die Geschichte von Eliot und Isabella ausgedacht. Er ist der Autor und Illustrator dieser Buchreihe. Eliot und Isabella erleben noch viele andere Abenteuer. Sie suchen zum Beispiel nach dem Funkelstein und sind im Finsterwald oder in den Räuberbergen unterwegs.

5 Auf Ingo Siegners Homepage erfährst du, welche Bücher er geschrieben hat und welche demnächst erscheinen werden. Dort findest du auch Informationen über alle Helden aus seinen Büchern: Eliot und Isabella, den Drachen Kokosnuss, Erdmännchen Gustav und andere. Du kannst dir Ausmalbilder herunterladen und erfahren, wo Ingo Siegner aus seinen Büchern vorliest.

10 Seine Lesungen finden in Büchereien, Schulen oder Buchläden statt. Ebenso kannst du ihm eine E-Mail schicken und schreiben, was dir an seinen Büchern gut gefällt.

Ingo Siegner lebt in Hannover, wo er 1965 geboren wurde. Bevor er anfing, Bücher zu schreiben, arbeitete er viele Jahre als Betreuer für Kinder auf

15 Familienreisen. Dort erzählte er Kindern Geschichten, die er dann aufschrieb und mit eigenen Zeichnungen versah. Daraus entstanden seine Bücher.

1 Welche Aussagen stimmen? Welche findest du nicht im Text?

	stimmt	stimmt nicht	steht nicht im Text
Die Geschichten über Eliot und Isabella hat sich Ingo Siegner überlegt.	▢	▢	▢
Er schreibt auch Romane für Erwachsene.	▢	▢	▢
In einem Buch lüften Eliot und Isabella das Geheimnis des Leuchtturms.	▢	▢	▢
Der Drache Kokosnuss ist auch eine Figur von Ingo Siegner.	▢	▢	▢
Auf seiner Homepage kannst du dich über seine Bücher und Lesungen informieren.	▢	▢	▢
Ingo Siegner lebt in Hamburg.	▢	▢	▢

www.ingosiegner.de

15

1 Lies die Texte. Schreibe dann den Namen der richtigen Person darunter.

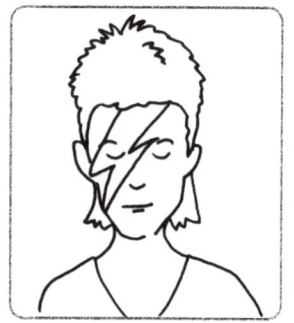

David Bowie

Queen Elizabeth

Greta Thunberg

Michael Jordan

Ich wusste schon als kleines Mädchen, dass ich eines Tages Königin eines großen Reiches werden würde. Als ich 25 Jahre alt war, starb mein Vater, König George, überraschend und ich musste das Land regieren. Ich war zwar schon als Kind auf diese Aufgabe vorbereitet worden, dennoch musste ich noch viel lernen. Ich wurde die am längsten regierende Königin aller Zeiten. 70 Jahre saß ich auf dem Thron von England.

Mein Name: [   ]

16

Schon als Kind waren in meinem Kopf verschiedene Melodien. Ich spielte als Erwachsener in mehreren Bands und dachte mir selber viele Lieder aus.
Mir war es immer egal, was andere von mir hielten. Ich hatte verrückte Einfälle für meine Kleidung auf der Bühne, schminkte mich und spielte auch in Filmen mit. Ich war ein großartiger Musiker.

Mein Name: [   ]

Mit acht Jahren hörte ich zum ersten Mal vom Klimawandel. Ich begann, mich sehr für Umweltpolitik zu interessieren und wollte etwas verändern. 2018 setzte ich mich vor das schwedische Parlament und ging freitags nicht mehr zur Schule. Ich wurde schon zwei Mal für den Friedensnobelpreis nominiert und hielt sogar Reden vor Politikern aus der ganzen Welt.

Mein Name: [   ]

Ich kam eines Tages weinend nach Hause, da ich nicht ins Basketball-Team meiner Schule aufgenommen wurde. Meine Mutter ermutigte mich, nicht aufzugeben. Ich wurde schließlich einer der berühmtesten Basketballspieler der USA und gewann zwei Mal die Olympiade.

Mein Name: [   ]

Astrid Lindgren

Im Winter 1941 war es sehr kalt, als ein kleines Mädchen im Bett liegen musste,
da es schlimmen Husten hatte. Es sagte zu seiner Mutter: „Erzähl mir von Pippi
Langstrumpf!" Die Mutter blickte es verwundert an, denn den Namen hatte sich das
Mädchen gerade ausgedacht. So entstand die Geschichte von Pippilotta Viktualia
5 Rollgardina Pfefferminza Efraimstochter Langstrumpf, kurz „Pippi".
Sie war ein bärenstarkes Mädchen mit roten Haaren und zwei abstehenden Zöpfen,
das alleine mit einem Pferd und einem Affen in der Villa Kunterbunt wohnt und mit
ihren Freunden viele Abenteuer erlebt.
Ihre Geschichten waren es, die Astrid Lindgren berühmt machten. Sie war eigentlich
10 Sekretärin und kam aus dem kleinen Ort Vimmerby in Schweden.
Dort wurde sie am 14. November 1907 geboren und wuchs mit ihren drei
Geschwistern auf einem Hof auf. Sie zog als Erwachsene nach Stockholm, bekam
zwei Kinder und heiratete. Nach dem großen Erfolg ihrer Pippi Langstrumpf
Geschichten dachte sie sich noch viele andere aus: „Michel aus Lönneberga",
15 „Karlsson vom Dach", „Die Kinder aus Bullerbü", „Madita" und „Ronja
Räubertochter" sind nur einige davon.

18

Ihr ganzes Leben wollte sie nie erwachsen werden und setzte sich unermüdlich für die Rechte von Kindern und Tieren ein. 2002 starb sie. Ihre Bücher wurden 145 Millionen Mal verkauft.

	stimmt	stimmt nicht	steht nicht im Text
Die Figur „Pippi Langstrumpf" hat sich ein Kind ausgedacht.	☐	☐	☐
Astrid Lindgren war eigentlich Lehrerin.	☐	☐	☐
Der Ort, in dem Astrid Lindgren aufwuchs, hieß Vammerby.	☐	☐	☐
Astrid Lindgren erhielt für ihre Bücher viele Preise.	☐	☐	☐
Die Bücher wurden millionenfach verkauft.	☐	☐	☐
Eigentlich wollte Astrid nie erwachsen werden.	☐	☐	☐

Stephen Hawking

Als Kind dachte sich Stephen Hawking gerne sehr komplizierte Brettspiele für seine Freunde aus. In der Schule und auch im Studium der Physik an der Universität in Oxford (England) bekam er jedoch nicht die besten Noten. Eines Tages, er war gerade 21 Jahre alt, erlitt er immer öfter Schwächeanfälle. Bei ihm wurde eine schlimme Krankheit festgestellt und er erfuhr, dass er nur noch wenige Jahre zu leben hatte.

Keiner wusste, woher seine Erkrankung kam. Es stand nur fest, dass die Muskeln des Körpers nicht mehr arbeiteten und er sich nicht mehr bewegen konnte. Nicht einmal einen Stift konnte er noch halten. Nur sein Gehirn funktionierte weiterhin.

Stephen Hawking war zuerst sehr traurig über seine Krankheit. Dann aber erwachte sein Ehrgeiz, da er wusste, dass ihm nicht mehr viel Zeit blieb. Er stürzte sich in die Arbeit und erforschte Schwarze Löcher, die ihn sehr faszinierten. 1979 wurde er Professor an der Universität von Cambridge.

Schon lange saß er zu dieser Zeit in Rollstuhl. Sprechen kostete ihn viel Kraft. Trotzdem hielt er mithilfe eines Sprachcomputers Vorträge über die Geschichte des Universums. Es gelang ihm, sein Leben zu meistern und vielen Leuten seine Gedanken zur Physik, Chemie und Mathematik näher zu bringen. Er schrieb auch Bücher für Kinder. 2018 starb er im Alter von 76 Jahren.

1 Schreibe die Zwischenüberschriften über die passenden Absätze.

Gibt er auf?

Ein erfolgreiches Leben

Stephen Hawkings Krankheit

2 Markiere die Antworten auf folgende Fragen im Text:

▢ Wo studierte Stephen Hawking?

▢ Was erforschte er begeistert?

▢ Was half ihm beim Sprechen?

Ein Diagramm lesen ...

Die Klasse 3b hat eine Umfrage zu Haustieren gemacht. Sie haben über 100 Kinder ihrer Grundschule befragt und die Ergebnisse in einem Säulendiagramm dargestellt.

Haustiere an der Grundschule Kuckucksweg

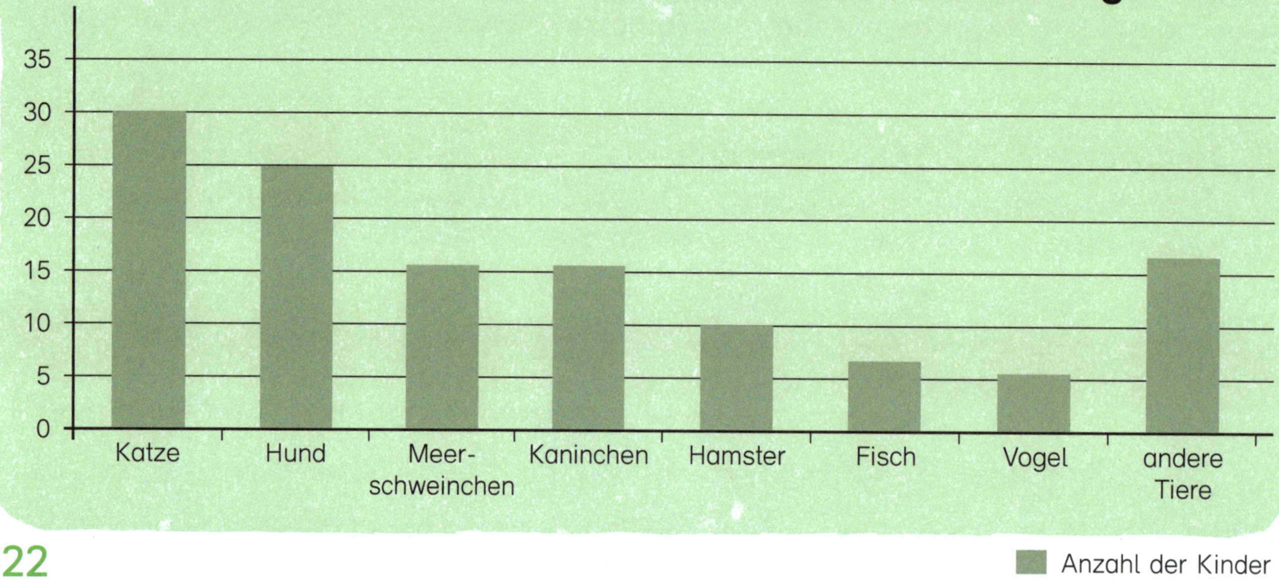

Katze · Hund · Meer-schweinchen · Kaninchen · Hamster · Fisch · Vogel · andere Tiere

Anzahl der Kinder

1 Beantworte die Fragen zum Säulendiagramm:

Welches Haustier wurde am häufigsten genannt? _____

Welches Haustier haben die wenigsten Kinder? _____

Welches Tier haben mehr Kinder: Hund oder Hamster? _____

Welche Haustiere wurden gleich häufig genannt? _____

_____

2 Welche Informationen kannst du dem Diagramm entnehmen?
Kreuze an.

Kann ich entnehmen: Ja   Nein

Welches das beliebteste Haustier der Kinder ist.   ☐   ☐

Alle Kinder haben ein Haustier an dieser Grundschule.   ☐   ☐

Rennmäuse sind auch unter den genannten Haustieren.   ☐   ☐

Hamster sind beliebter als Fische.   ☐   ☐

Katzen sind doppelt so beliebt wie Meerschweinchen.   ☐   ☐

Ein Diagramm lesen, eine Tabelle ausfüllen ...

1 Die Kinder in der Klasse 3g gestalten Plakate über ihre Lieblingstiere.
Dazu benutzen sie verschiedene Medien. Welche?
Übertrage die Anzahl der Kinder aus dem Balkendiagramm in die Tabelle.

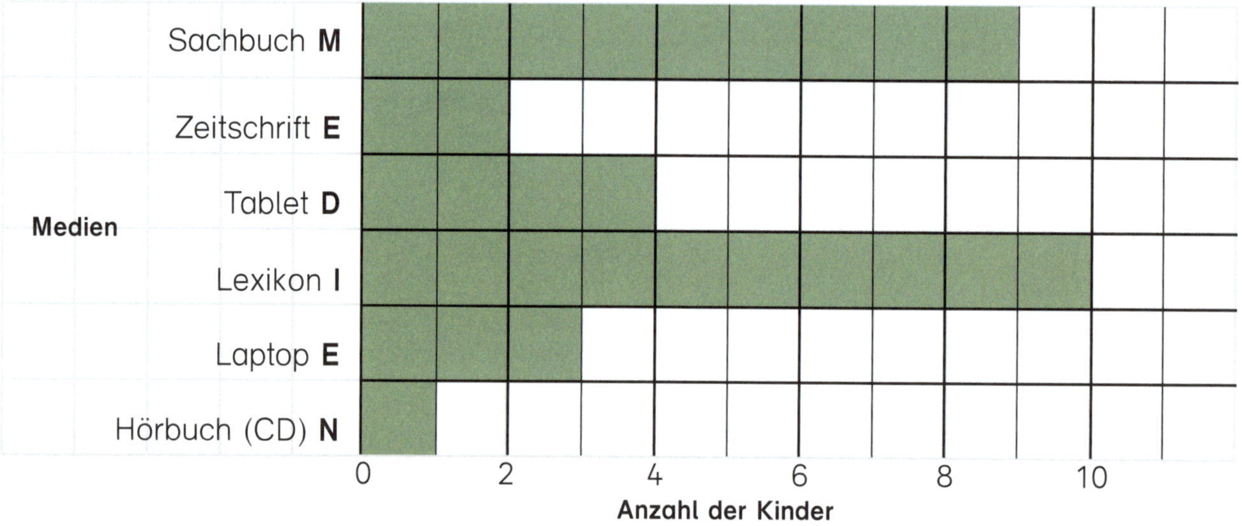

Medien

| | Sachbuch **M** | Zeitschrift **E** | Tablet **D** | Lexikon **I** | Laptop **E** | Hörbuch (CD) **N** |

Anzahl der Kinder: 0, 2, 4, 6, 8, 10

Sachbuch	Zeitschrift	Tablet	Lexikon	Laptop	Hörbuch (CD)

24

2 Schreibe die Buchstaben des Wortes MEDIEN zur richtigen Aussage dazu.

Das Buch erzählt keine Geschichte, sondern erklärt etwas über ein bestimmtes Thema.

Ein solches Heft erscheint regelmäßig, aber nicht täglich. Es kann über verschiedene Themen informieren.

Dieser Text wird von einer Person vorgelesen oder erzählt.

In diesem Buch werden Wörter erklärt. Sie sind nach dem Abc geordnet.

Das Gerät ist eine Mischung aus Smartphone und Computer. Es ist flach und wird mit dem Finger auf dem Bildschirm bedient.

Dieser tragbare Computer kann zusammengeklappt werden.

3 Welche Medien nutzt du zu Hause?

- Tablet
- Laptop
- Fernsehen
- Smartphone
- Buch
- Zeitschrift
- Film-DVD
- Hör-CD

1 Die Klassen 3a und 3b haben ihre Lieblingsspiele in einem Balkendiagramm zusammengetragen.

Zähle für jedes Spiel die Stimmen der Mädchen und Jungen zusammen. Trage die Gesamtanzahl in die Kästchen ein.

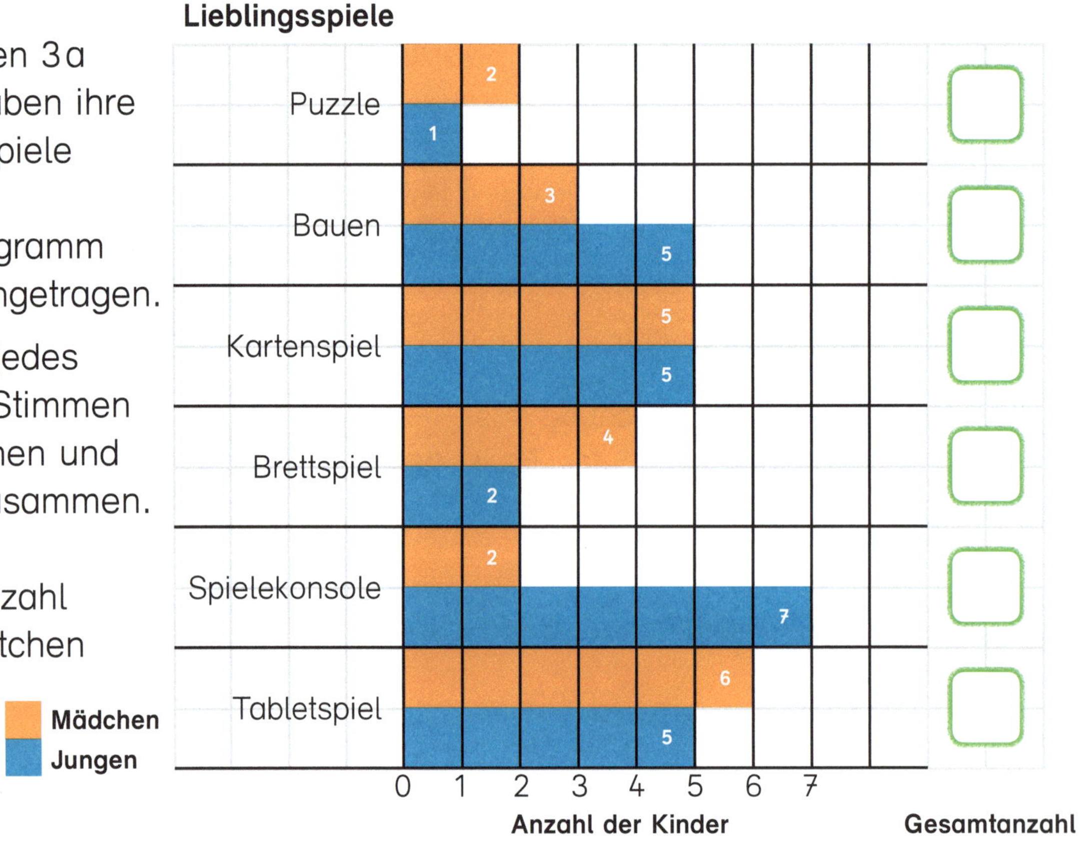

Lieblingsspiele

Puzzle
- 2
- 1

Bauen
- 3
- 5

Kartenspiel
- 5
- 5

Brettspiel
- 4
- 2

Spielekonsole
- 2
- 7

Tabletspiel
- 6
- 5

🟧 Mädchen
🟦 Jungen

0 1 2 3 4 5 6 7

Anzahl der Kinder

Gesamtanzahl

... und eigene Vorlieben ankreuzen

2 Ergänze die Sätze zum Balkendiagramm.

Das _____ ist das beliebteste Spiel aller Jungen und Mädchen.

_____ machen Jungen und Mädchen am wenigsten gern.

_____ sind bei Mädchen und Jungen gleich beliebt.

Die _____ gefällt Jungen viel besser als Mädchen.

_____ , _____ und _____

werden von Mädchen häufiger gespielt als von Jungen.

3 Welche Spiele spielst du am liebsten?

Warum sich Raben streiten

1. Weißt du, warum sich Raben streiten?
   Um Würmer und Körner und Kleinigkeiten,

2. um Schneckenhäuser und Blätter und Blumen
   und Kuchenkrümel und Käsekrumen

3. und darum, wer recht hat und unrecht, und dann
   auch darum, wer schöner singen kann.

4. Mitunter streiten sich Raben wie toll
   darum, wer was tun und lassen soll,

5. und darum, wer Erster ist, Letzter und Zweiter
   und Dritter und Vierter und so weiter.

6. Raben streiten um jeden Mist.
   Und wenn der Streit mal zu Ende ist,

7. weißt du, was Raben dann sagen?
   Komm, wir wollen uns wieder vertragen!

Frantz Wittkamp

mitunter = manchmal

1 Welches Bild passt zu welcher Strophe?
Trage die Zahlen 1–7 bei den passenden Bildern ein.

2 Wie heißt das Lösungswort? $\underline{\quad}\ \underline{\quad}\ \underline{\quad}\ \underline{\quad}\ \underline{\quad}\ \underline{\quad}\ \underline{\quad}$
                                             1   2   3   4   5   6   7

Mal rechnen wir

Mal rechnen wir, mal lesen wir,
mal spiel'n wir draußen 'rum,
mal schreiben wir, mal malen wir,
wer lernt, der bleibt nicht dumm.

Mal singen wir, mal turnen wir,
mal hör'n wir Märchen an,
mal bauen wir, mal schauen wir,
wer selbst erzählen kann.

Mal schwatzen wir, mal zanken wir,
mal ist die Schule aus,
mal hüpfen wir, mal schlüpfen wir
vergnügt und froh nach Haus.

Auf Wiedersehn! Auf Wiedersehn!
Und morgen in die Schule gehn!
Auf Wiedersehn! Auf Wiedersehn!
Auf Wiedersehn!

U. W. Ullmann

... und Fragen beantworten

1 Unterstreiche im Gedicht in diesen Farben. Beantworte die Fragen.

a) Wie heißt der Autor des Gedichtes?

b) Wie lautet die Überschrift?

c) Welche Wörter reimen sich?

d) Wie viele Strophen hat das Gedicht? ☐

e) Aus wie vielen Versen besteht eine Strophe? ☐

2 Untersuche die Strophen und kreuze an.

In der 1. Strophe haben die Kinder
☐ Mathe und Deutsch.   ☐ Mathe und Sport.   ☐ Deutsch und Sport.

In der 2. Strophe haben die Kinder
☐ Musik und Kunst.   ☐ Musik und Sport.   ☐ Sport und Kunst.

31

Ausreden in der Schule

1   *Anna:* Frau Lehrerin, ich kann nichts dafür.
           Es war verflixt – glauben Sie mir:
           Mein Wecker hat verschlafen!
           Ich werde ihn bestrafen.

2   *Paul:* Beim Warten auf die Straßenbahn
           biss mich ein wilder Löwenzahn.
           Das hat vielleicht wehgetan!
           Deshalb bin ich später dran.

3   *Peter:* Im Stadtpark flog mir ein Geier ins Ohr
           und riss mich zwanzig Meter empor,
           sodass ich beide Schuhe verlor.
           Ich verspreche, es kommt nicht mehr vor!

4   *Lehrerin:* Liebe Kinder, ich glaub euch zwar nicht.
           Aber nun zum Sachunterricht.
           Wer kann mir sagen: Wie groß und schwer
           ist ein aufgebundener Bär?

Georg Bydlinski

32

(gekürzt)

... und Strophen untersuchen

1 Welche Überschriften könnten zu den Strophen im Gedicht passen?
Notiere die passenden Zahlen.

☐ Bissige Pflanzen   ☐ Die müde Uhr

☐ Flugstunde mit dem Vogel   ☐ Der aufgebundene Bär

2 Sortiere die Verse zu einer Strophe. Nummeriere die Verse.

Wie hätt' ich schneller gehen sollen? ☐   Der Knöchel ist gleich angeschwollen. ☐

An der Haltestelle vom Bus ☐   trat mir ein Hydrant* auf den Fuß. ☐

3 Was meint die Lehrerin, wenn sie nach dem aufgebundenen Bären fragt?

☐ Dass die Kinder einen Bären tragen.

☐ Dass die Kinder nicht die Wahrheit sagen.

*Ein Hydrant ist eine Zapfstelle, um Wasser zu entnehmen.

33

1 Suche die Nummer ❶ im Bild. Hier startet die Geschichte. Lies dazu Satz 1.

2 Wo geht die Geschichte weiter? Suche die passende Nummer im Bild. Lies dann den richtigen Satz dazu. Verbinde die Nummern im Bild miteinander.

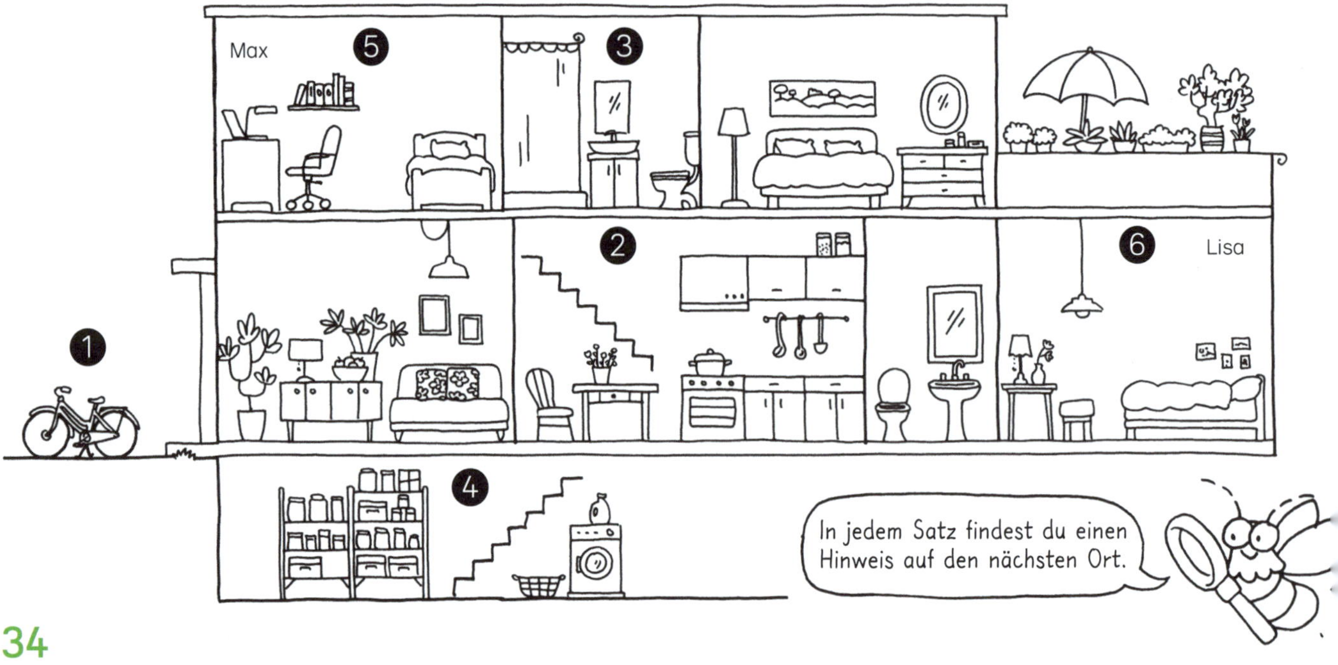

In jedem Satz findest du einen Hinweis auf den nächsten Ort.

1. Lisa will ihren Freund Moritz an der Eisdiele treffen. Sie geht zu ihrem Fahrrad, das vor dem Haus steht. Da bemerkt sie, dass ihr Schlüssel für das Fahrradschloss nicht im Rucksack ist. Zuerst sucht sie im Keller.

2. Sie fragt: „Mama, hast du meinen Schlüssel für das Fahrradschloss gesehen?" Ihre Mutter schüttelt den Kopf. Sie telefoniert gerade. Lisa läuft in den 1. Stock zu ihrem Bruder Max.

3. Lisa läuft ins Bad. Tatsächlich, dort liegt ihr Schlüssel. Nun kann sie endlich zur Eisdiele radeln.

4. Dort hat sie am Vormittag Kartoffeln für das Mittagessen geholt. Ihren Schlüssel findet sie hier aber nicht. Sie läuft in ihr Kinderzimmer im Erdgeschoss.

5. Sie klopft an die Tür und ruft: „Max, ich suche meinen Schlüssel für das Fahrradschloss!" Er öffnet seine Zimmertür und sagt schmunzelnd: „Schau doch mal im Badezimmer nach."

6. Lisa schaut auf ihrem Schreibtisch nach und durchsucht das Bett. Fehlanzeige! Auch hier liegt der Schlüssel nicht. Aufgeregt flitzt sie in die Küche zu ihrer Mutter.

Trage die Zahlen in der richtigen Reihenfolge ein. **Lösung:** ___ ___ ___ ___ ___ ___

Erzähltexte: ...

1 Suche die Nummer ❶ im Bild. Hier startet die Geschichte. Lies dazu Satz 1.

2 Wo geht die Geschichte weiter? Suche die passende Nummer im Bild. Lies dann den richtigen Satz dazu. Verbinde die Nummern im Bild miteinander.

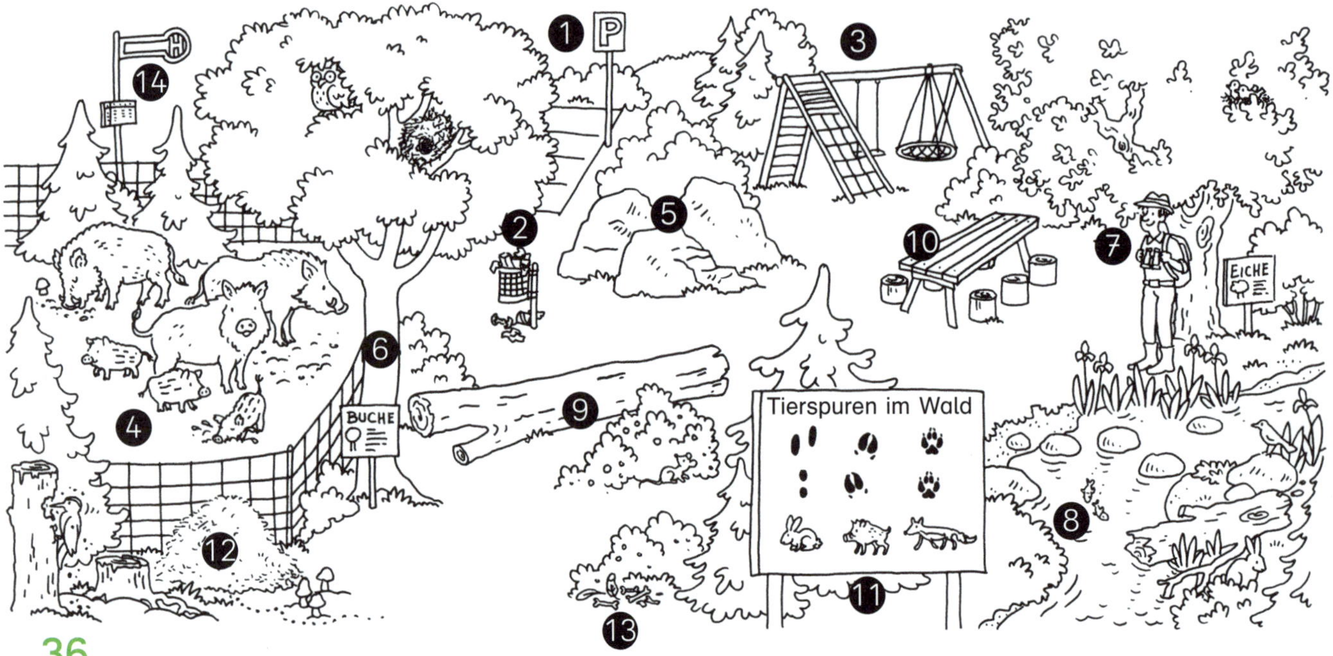

Tierspuren im Wald

BUCHE

EICHE

36

1. Moritz und Lisa machen mit ihrer Klasse einen Ausflug in den Wald. Sie fahren mit dem Bus bis zum Waldparkplatz und gehen das letzte Stück zu Fuß. An der Eiche treffen sie den Förster.

2. Lisa ruft erschrocken: „Oje, der Mülleimer ist schon ganz voll. Am besten packen wir unseren Müll wieder in unsere Rucksäcke und nehmen ihn mit in die Schule zurück." So wird's gemacht. Anschließend geht es eine Runde auf den Spielplatz.

3. Alle toben, rutschen und schaukeln. Enis und Maria flitzen auf den Kletterfelsen.

4. Die Kinder entdecken ein Wildschwein mit seinen Jungen. Julia weiß Bescheid: „Die Wildschweinmutter heißt Bache. Die jungen Wildschweine nennt man Frischlinge." Moritz lacht, weil die Wildschweine im Schlamm buddeln. Der Förster berichtet: „Wildscheine sind Allesfresser. Sie ernähren sich von Blättern, Wurzeln, Pilzen, Insekten und auch kleinen Säugetieren." Auf der Informationstafel zeigt er den Kindern Wildschweinspuren.

5. Maria ruft: „Schau mal, Enis. Da hinten ist ein Ameisenhügel." Die Kinder fragen den Förster, ob er ihnen den Ameisenhügel aus der Nähe zeigen kann.

6. Die Kinder staunen. Lisa ruft: „So weit oben baut das Eichhörnchen sein Nest!"
Der Förster spielt mit der Klasse noch das Eichhörnchen-Spiel. Jedes Kind
vergräbt drei Eicheln. Nach einer kurzen Pause sollen die Kinder ihre Eicheln
wiederfinden. Ob das gelingt? Alperen ruft: „Seht mal, hier liegen Knochen!"

7. Er begrüßt Frau Löffler und die Klasse 3a: „Guten Morgen. Schön, dass ihr da
seid. Ich möchte euch heute gerne durch den Wald führen. Zuerst zeige ich euch
mein Lieblingstier. Es lebt hoch oben im Baum und baut sich ein Nest, das man
auch Kobel nennt. Den ganzen Tag sucht es Nahrung und vergräbt diese
im Waldboden. Wisst ihr, wie mein Lieblingstier heißt?" Moritz meldet sich:
„Es ist ein Eichhörnchen!" So ist es. Der Förster führt die Klasse zur Buche,
in der das Eichhörnchen den Kobel gebaut hat.

8. Über die großen Steine im Bach dürfen die Kinder auf die andere Seite springen.
Elanur traut sich nicht. Paul reicht ihr die Hand und hilft ihr hinüber. Elanur freut
sich. Nun ist die Zeit im Wald fast um. Zum Abschluss darf jedes Kind über den
Baumstamm balancieren.

9. Am Baumstamm verabschiedet sich der Förster und zeigt ihnen den Weg zur
Bushaltestelle.

10. Alle packen ihre Brotzeitdosen aus und lassen es sich schmecken. Frau Löffler erinnert die Kinder: „Bitte schmeißt euren Müll nachher in den Mülleimer."

11. Hier entdecken die Kinder viele andere Tierspuren. Nun brauchen sie aber eine Pause. Frau Löffler führt die Klasse zum Picknickplatz im Wald.

12. Mit einer Kleingruppe geht der Förster zum Hügel und erklärt, wie wichtig Ameisen für den Wald sind: „Ameisen werden auch die Polizei des Waldes genannt. Sie helfen, den Wald zu schützen, da sie zum Beispiel Schädlinge wie den Borkenkäfer fressen." Frau Löffler kommt mit dem Rest der Klasse dazu. Gemeinsam gehen sie zum Bach.

13. Der Förster erklärt: „Das sieht aus, als hätte ein Raubtier einen Vogel gefangen." Die Kinder sind entsetzt, doch der Förster beruhigt sie: „Auch das gehört zum Leben im Wald dazu." Danach geht er mit ihnen zum Wildschweingehege.

14. Nach einem schönen Tag im Wald fahren sie im Bus zur Schule zurück.

Trage die Zahlen ein. **Lösung:** __ __ __ __ __ __ __ __ __ __ __ __ __ __

1 Lies das Rezept mit den Zutaten. Nummeriere die Bilder.

Schokopudding

<u>Zutaten für 4 Personen:</u>

500 ml Milch
1 Päckchen Schokopuddingpulver
2 Esslöffel Zucker
gehackte Mandeln

> Bei einem Rezept lese ich zuerst die **Zutaten**, dann die **Zubereitung**.
> Manche Wörter können mir Hinweise für die Reihenfolge geben, z.B. zuerst, zuletzt usw.

Zubereitung:

1) Zuerst verrühre ich das Puddingpulver mit 2 Esslöffeln Zucker
   und 6 Esslöffeln von der kalten Milch in einer kleinen Schüssel.

2) Dann koche ich die restliche Milch in einem Topf auf dem Herd kurz auf.

3) Nun nehme ich den heißen Topf vorsichtig vom Herd
   und rühre die Puddingmischung ein.

4) Anschließend lasse ich den Pudding noch einmal eine Minute
   auf dem Herd kochen.

5) Zuletzt gieße ich den heißen Pudding in kleine Schalen.

6) Zum Schluss verziere ich ihn mit gehackten Mandeln.

1 Lies die 6 Schritte des Rezepts. Bringe sie in die richtige Reihenfolge.

Nudeln mit Tomatensoße

Zubereitung:

☐ Danach schmecke ich die Soße mit Salz, Pfeffer und Zucker ab.

☐ Zuerst bringe ich 2 Liter Wasser und Salz in einem großen Topf auf dem Herd zum Kochen. Wenn es kocht, füge ich die Nudeln hinzu.

☐ Dann schneide ich die Zwiebel in Würfel und brate sie in einer Pfanne in heißem Öl an.

☐ Als Drittes gebe ich eine Dose passierte Tomaten zu den Zwiebeln hinzu.

☐ Zum Schluss richte ich die Nudeln mit der Soße auf einem Teller an.

☐ Wenn die Soße fertig ist, gieße ich die Nudeln nach ca. 10 Minuten Kochzeit durch ein Sieb ab.

2 Unterstreiche alle Zutaten im Rezept.

3 Heute möchte Lotte Nudeln mit Tomatensoße kochen. Sie geht zum Supermarkt und kauft die Zutaten ein. Schreibe die Einkaufsliste für Lotte.

Einkaufsliste

Ein Rezept lesen ...

1 Lies das Rezept.

Miniburger

Zutaten:

12 Minibrötchen   2 Tomaten
12 kleine Frikadellen   6 Scheiben Käse
eine halbe Salatgurke   einige Salatblätter

Zubereitung:

Zuerst halbiere ich das Burgerbrötchen. Dann bestreiche ich es mit Ketchup. Nun lege ich zuerst ein Salatblatt auf die untere Brötchenhälfte und darauf dann eine Frikadelle. Danach schneide ich die Gurke und die Tomaten in Scheiben. Anschließend lege ich ein paar Gurkenscheiben und eine Tomatenscheibe auf die Frikadelle. Zum Schluss kann ich meinen Burger noch mit einer Scheibe Käse belegen. Mit der oberen Brötchenhälfte klappe ich meinen Burger zu. Guten Appetit!

2 Beantworte die Fragen zum Rezept.

a) Wie viele Burger kann man mit diesem Rezept zubereiten?
    ☐ 15   ☐ 12   ☐ 9

b) Was machst du als Zweites?
    ☐ Gurke schneiden   ☐ mit Ketchup bestreichen
    ☐ Brötchen halbieren   ☐ obere Brötchenhälfte auflegen

c) Welche Zutaten müssen geschnitten werden? Zähle auf!

d) Was ist der letzte Schritt im Rezept? Schreibe Stichwörter auf!

e) Was würdest du noch auf deinen Miniburger legen?

Das habe ich gelernt

In diesem Heft hast du viele Dinge gelernt und geübt. Überlege, was schon gut klappt und was du noch üben möchtest. Kreuze an. ☺ ☺ ☹

Ich kann Wörter in einem Erzähltext und verwandte Wörter finden.

Ich kann Fragen zu einem Text richtig beantworten.

Ich kann Aussagen zu einem Text beurteilen und überprüfen.

Ich kann zu einem Text passende Überschriften finden.

Ich kann ein Diagramm lesen und Fragen dazu beantworten.

Ich kann eine Tabelle richtig ausfüllen.

Ich kann zu einem Gedicht Fragen beantworten.

Ich kann einem Gedicht die richtigen Bilder zuordnen.

Ich kann eine Lesespur lesen und korrekt lösen.

Ich kann ein Rezept lesen, Arbeitsschritte ordnen und
die passenden Zutaten herausschreiben.

Ich kann zu einem Rezept Fragen beantworten.

Hier kannst du ein **Türschild** basteln. Schneide es aus und klebe es auf eine Pappe.
Du kannst es farbig weitergestalten und dann an deiner Zimmertür aufhängen.
Viel Spaß beim Basteln und Lesen!